I HAD FUN ONCE

IT WAS AWFUL

GRUMPY
CAT ®

TURN THAT SMILE

UPSIDE DOWN

IF YOU'RE HAPPY AND YOU KNOW IT

GET AWAY
FROM ME

TO-DO
LIST

☐ **FROWN**

I HAD FUN ONCE

IT WAS AWFUL

TURN THAT
SMILE

UPSIDE
DOWN

IF YOU'RE HAPPY AND YOU KNOW IT

GET AWAY FROM ME

TO-DO
LIST

■ FROWN

I HAD FUN ONCE

FUN ONCE

IT WAS AWFUL

TURN THAT
SMILE

UPSIDE
DOWN

IF YOU'RE HAPPY AND YOU KNOW IT

GET AWAY FROM ME

TO-DO
LIST

■ FROWN

I HAD FUN ONCE

IT WAS AWFUL

TURN THAT SMILE

UPSIDE DOWN

IF YOU'RE HAPPY AND YOU KNOW IT

GET AWAY

FROM ME

☐ FROWN

I HAD FUN ONCE

IT WAS AWFUL

GRUMPY
CAT ®

TURN THAT SMILE

UPSIDE DOWN

IF YOU'RE HAPPY
AND YOU KNOW IT

GET AWAY
FROM ME

TO-DO LIST

☐ **FROWN**

TURN THAT SMILE

UPSIDE DOWN

IF YOU'RE HAPPY
AND YOU KNOW IT

GET AWAY
FROM ME

TO-DO LIST

☐ **FROWN**

I HAD FUN ONCE

FUN ONCE

IT WAS AWFUL

GRUMPY
CAT ®

TURN THAT SMILE

UPSIDE DOWN

IF YOU'RE HAPPY AND YOU KNOW IT

GET AWAY FROM ME

TO-DO
LIST

☐ FROWN

I HAD FUN ONCE

FUN ONCE

IT WAS AWFUL

TURN THAT
SMILE

UPSIDE
DOWN

IF YOU'RE HAPPY
AND YOU KNOW IT

GET AWAY
FROM ME

TO-DO LIST

■ FROWN

I HAD FUN ONCE

IT WAS AWFUL

GRUMPY
CAT ®

TURN THAT SMILE

UPSIDE DOWN

IF YOU'RE HAPPY AND YOU KNOW IT

GET AWAY
FROM ME

TO-DO LIST

■ FROWN

I HAD FUN ONCE

FUN ONCE

IT WAS AWFUL

TURN THAT
SMILE

UPSIDE
DOWN

IF YOU'RE HAPPY AND YOU KNOW IT

GET AWAY FROM ME

TO-DO LIST

■ FROWN

I HAD FUN ONCE

FUN ONCE

IT WAS AWFUL

GRUMPY
CAT ®

TURN THAT
SMILE

UPSIDE
DOWN

IF YOU'RE HAPPY AND YOU KNOW IT

GET AWAY FROM ME

TO-DO LIST

☐ FROWN

I HAD FUN ONCE

FUN ONCE

IT WAS AWFUL

GRUMPY
CAT ®

TURN THAT SMILE

UPSIDE DOWN

IF YOU'RE HAPPY AND YOU KNOW IT

GET AWAY

FROM ME

TO-DO
LIST

☐ FROWN

I HAD FUN ONCE

IT WAS AWFUL

TURN THAT
SMILE

UPSIDE
DOWN

IF YOU'RE HAPPY
AND YOU KNOW IT

GET AWAY
FROM ME

TO-DO
LIST

■ FROWN

I HAD FUN ONCE

FUN ONCE

IT WAS AWFUL

TURN THAT
SMILE

UPSIDE
DOWN

IF YOU'RE HAPPY
AND YOU KNOW IT

GET AWAY
FROM ME

TO-DO
LIST

☐ FROWN

I HAD FUN ONCE

FUN ONCE

IT WAS AWFUL

TURN THAT
SMILE

UPSIDE
DOWN

IF YOU'RE HAPPY AND YOU KNOW IT

GET AWAY FROM ME

FROWN

I HAD FUN ONCE

IT WAS AWFUL

TURN THAT SMILE

UPSIDE DOWN

IF YOU'RE HAPPY AND YOU KNOW IT

GET AWAY

FROM ME

TO-DO
LIST

■ FROWN

I HAD FUN ONCE

IT WAS AWFUL

TURN THAT
SMILE

UPSIDE
DOWN

IF YOU'RE HAPPY AND YOU KNOW IT

GET AWAY FROM ME

TO-DO
LIST

■ FROWN

I HAD FUN ONCE

FUN ONCE

IT WAS AWFUL

TURN THAT SMILE

UPSIDE DOWN

IF YOU'RE HAPPY AND YOU KNOW IT

GET AWAY FROM ME

TO-DO
LIST

■ FROWN

I HAD FUN ONCE

FUN ONCE

IT WAS AWFUL

GRUMPY
CAT ®

TURN THAT
SMILE

UPSIDE
DOWN

IF YOU'RE HAPPY
AND YOU KNOW IT

GET AWAY
FROM ME

TO-DO LIST

☐ **FROWN**

I HAD FUN ONCE

FUN ONCE

IT WAS AWFUL

GRUMPY
CAT ®

TURN THAT
SMILE

UPSIDE
DOWN

IF YOU'RE HAPPY AND YOU KNOW IT

GET AWAY FROM ME

TO-DO
LIST

■ FROWN

I HAD FUN ONCE

FUN ONCE

IT WAS AWFUL

TURN THAT
SMILE

UPSIDE
DOWN

IF YOU'RE HAPPY AND YOU KNOW IT

GET AWAY FROM ME

TO-DO
LIST

■ FROWN

I HAD FUN ONCE

IT WAS AWFUL

TURN THAT
SMILE

UPSIDE
DOWN

**IF YOU'RE HAPPY
AND YOU KNOW IT**

**GET AWAY
FROM ME**

TO-DO LIST

☐ **FROWN**

I HAD FUN ONCE

FUN ONCE

IT WAS AWFUL

TURN THAT
SMILE

UPSIDE
DOWN

IF YOU'RE HAPPY
AND YOU KNOW IT

GET AWAY
FROM ME

TO-DO
LIST

■ FROWN

I HAD FUN ONCE

IT WAS AWFUL

GRUMPY
CAT ®